ArtTimesDigest

No. 201510_1

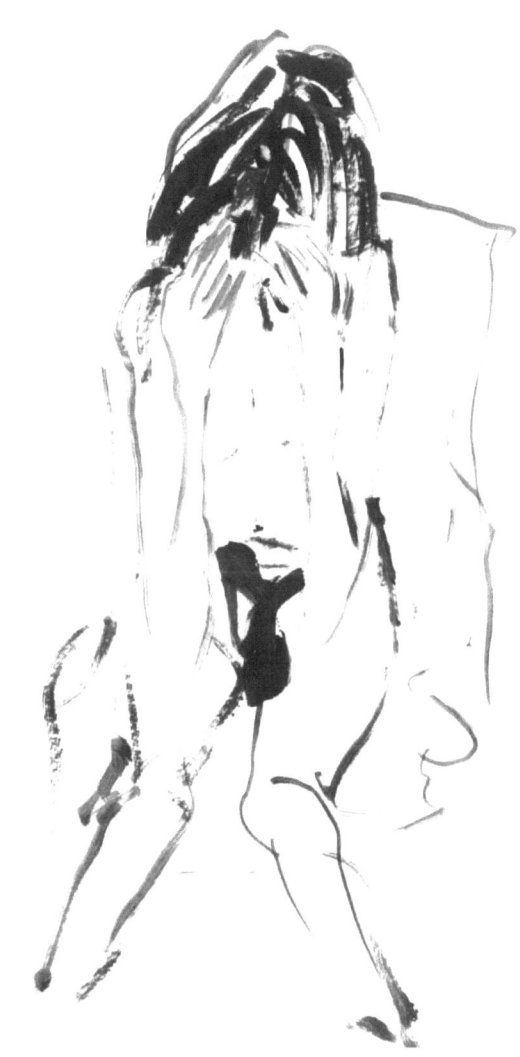

Deep hearted_2013_Gouache on paper_30.6 x 40.7 cm© the artist_Image Provided by Kukje Gallery

ArtEyes.Tracey Emin by KukjeGallery

ArtTimesDigest

MediciPress

ISSN : 2288-1077

Contents

ArtEyes = **Tracey Emin by KukjeGallery**

Artist #1 = 강희원작가

Artist #2 = 하미경작가

Artist #3 = 나빈작가

Artist #4 = 신정재작가

ArtEyes = **Tracey Emin by KukjeGallery**

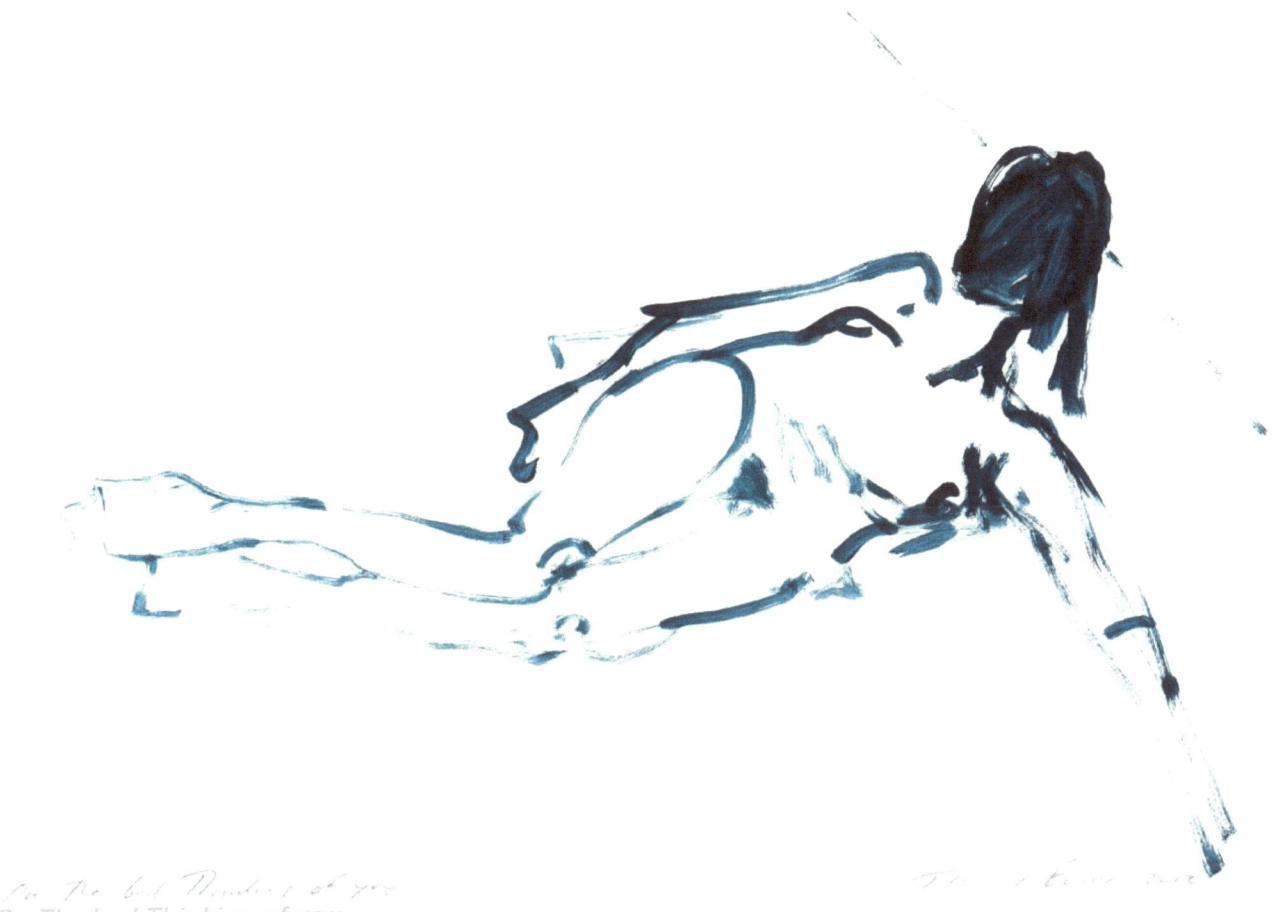

On The bed Thinking of you
2012 Gouache on paper 29.5 x 42 cm   ©the artist Image Provided by Kukje Gallery

이번 아트아이즈에서는 국제갤러리에서 단독으로 선보인 트레이시 에민의 드로잉을 살펴보았다.
트레이시에민은 영국 YBA 의 주축멤버로서 그녀의 [나의 일상]이라는 설치작품이 찰스사치(그녀의
후원자이다.)에 수백억에 판매가 된 이슈의 주인공이기도 하다. 국제갤러리는 오는 10 월 7 일부터
11 일까지 열리는 제 14 회 KIAF 2015 에 참여했다. 국제갤러리 부스는 트레이시 에민을 단독작가로
소개하며 그녀의 신작 드로잉과 브론즈 조각, 그리고 잘 알려진 네온 설치 작업 등 총 25 여점의 작품을
선보인다. 영국 YBAs(Young British Artists)의 주축 멤버인 트레이시 에민은 그녀의 삶에서 일어났던 모든
사건과 경험들을 토대로 영감을 받아 작업해왔다. 특히 회화, 드로잉, 비디오, 설치, 사진, 바느질, 조각에
이르는 다채로운 매체를 통해 그녀의 지극히 사적인 경험을 드러내는 작품들을 선보여왔다. 특히 에민의
작품은 삶의 희비극을 넘나들며, 때때로 극단적이기도 하며 예민하고 섬세한 감수성을 나타낸다. 그녀가

다루는 주제들은 희망, 굴욕, 실패와 성공을 가감 없이 솔직하게 드러낸다. 뿐만 아니라 동시대 미술에서 전통적인 페미니즘 담론 속에 위치한 에민의 작품들은 매우 직설적이며 성적으로 자극적인 태도로 문제적 작가로 주목 받은바 있다. 흥미롭게도 이는 작가의 주요작품에서 자주 등장하는 '전통적인 여성의 노동', 예를 들면 퀼트, 바느질, 자수, 펜 글씨 등과 같은 작업방식과 대조적인 경향을 띄며 '개인의 사적인 영역을 정치적으로' 표현해 온 바 있다.트레이시 에민은 1963 년 런던에서 태어나 현재 작품활동 및 거주 중이다. 메이드스톤 컬리지 오브 아트와 로열 컬리지 오브 아트에서 수학했다. 주요 경력으로는 2007 년 제 52 회 베니스 비엔날레에서 여성으로서는 두 번째로 영국을 대표하는 작가로 선정, 같은 해 로열아카데미션으로 임명 되었으며, 로열 컬리지 오브 아트, 켄트 대학교, 그리고 런던 메트로폴리탄대학교에서 명예박사학위를 받은 바 있다. 2011 년 로열 아카데미의 드로잉학과 교수가 된 그녀는 2012 년 대영 제국 훈장 3 등급을 수상했다. 주요 소장처로는 미국 버팔로의 올브라이트 녹스 미술관, 런던의 캠든 아트 센터, 도쿄의 하라 미술관, 미국 로스 엔젤레스 현대미술관, 뉴욕 현대미술관, 암스테르담의 밴 룬 미술관, 런던의 국립 초상화 갤러리, 파리 퐁피두 센터, 런던 사치 컬렉션, 미네아폴리스의 워커 아트 센터, 런던 테이트 브리튼 등을 포함하는 국제적인 공공 및 개인 컬렉션에 소장되어 있다.

*이번 전시를 진행했던 국제갤러리는 선화랑, 학고재, 가나그룹과 함께 한국을 이끌어가는 10 대갤러리중 하나이며, 현재 국내 미술품 판매업계 1 위자리를 현대갤러리와 매년 주고 받을 만큼 큰 규모로 아트사업을 진행하는 글로벌아트에이전시이다. 최근 TINA KIM Gallery(NY) 와 함께 프리즈(Freize)아트페어에 참가한 것으로 알려져 있는데, 관련 소식은 가까운 때 소개하고자 한다.

**작품구매와 관련된 상담은 구글(google)에서 국제갤러리나 kukjegallery 로 검색해서 SalesManager-Team 에 연락하면 된다.

(Chief-Editor KimSunGon)

Email : arttimesnews@naver.com

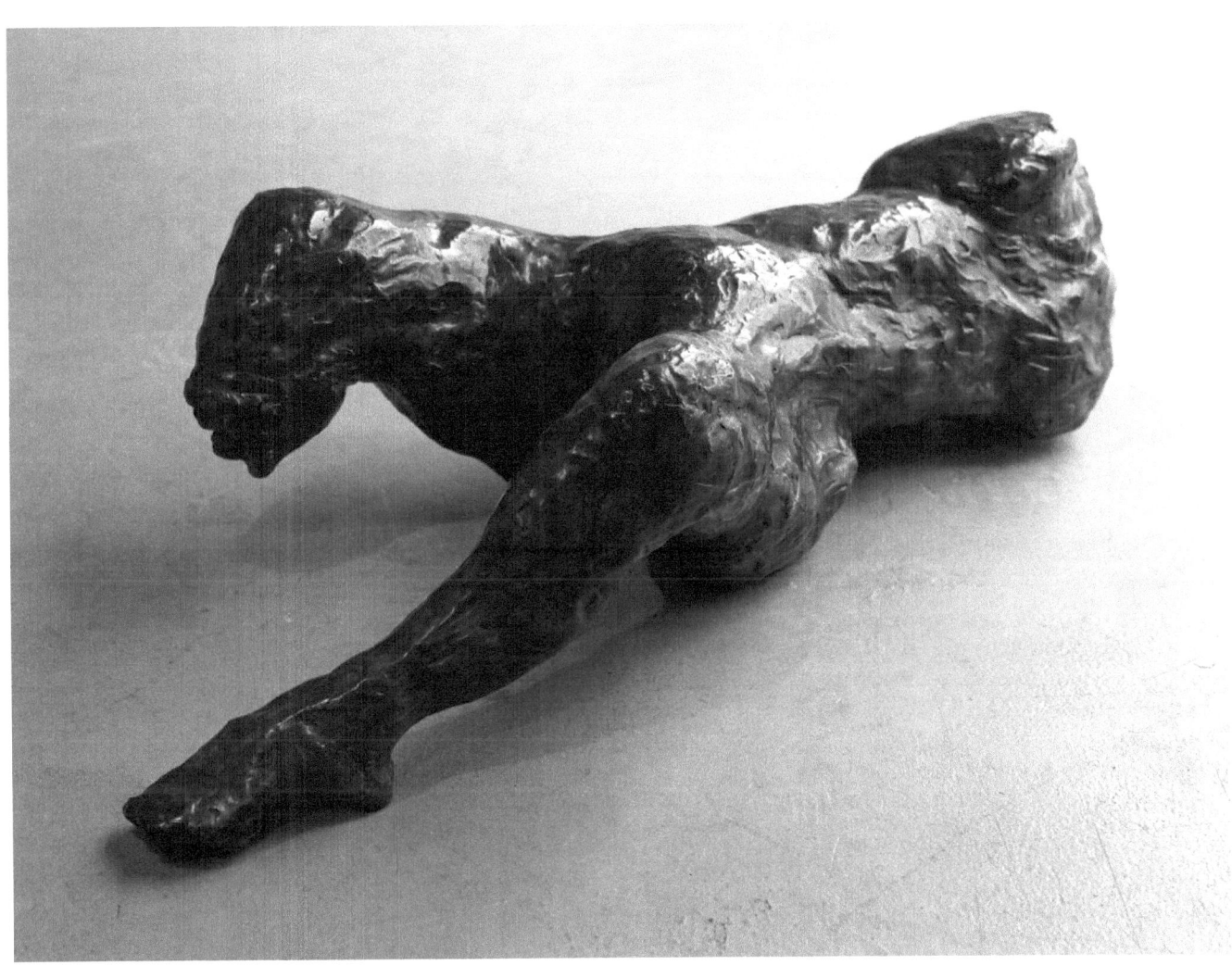

Every part of me feels you
2014
Bronze
27.9 x 43.2 x 91.4 cm
©the artist
Image Provided by Kukje Gallery

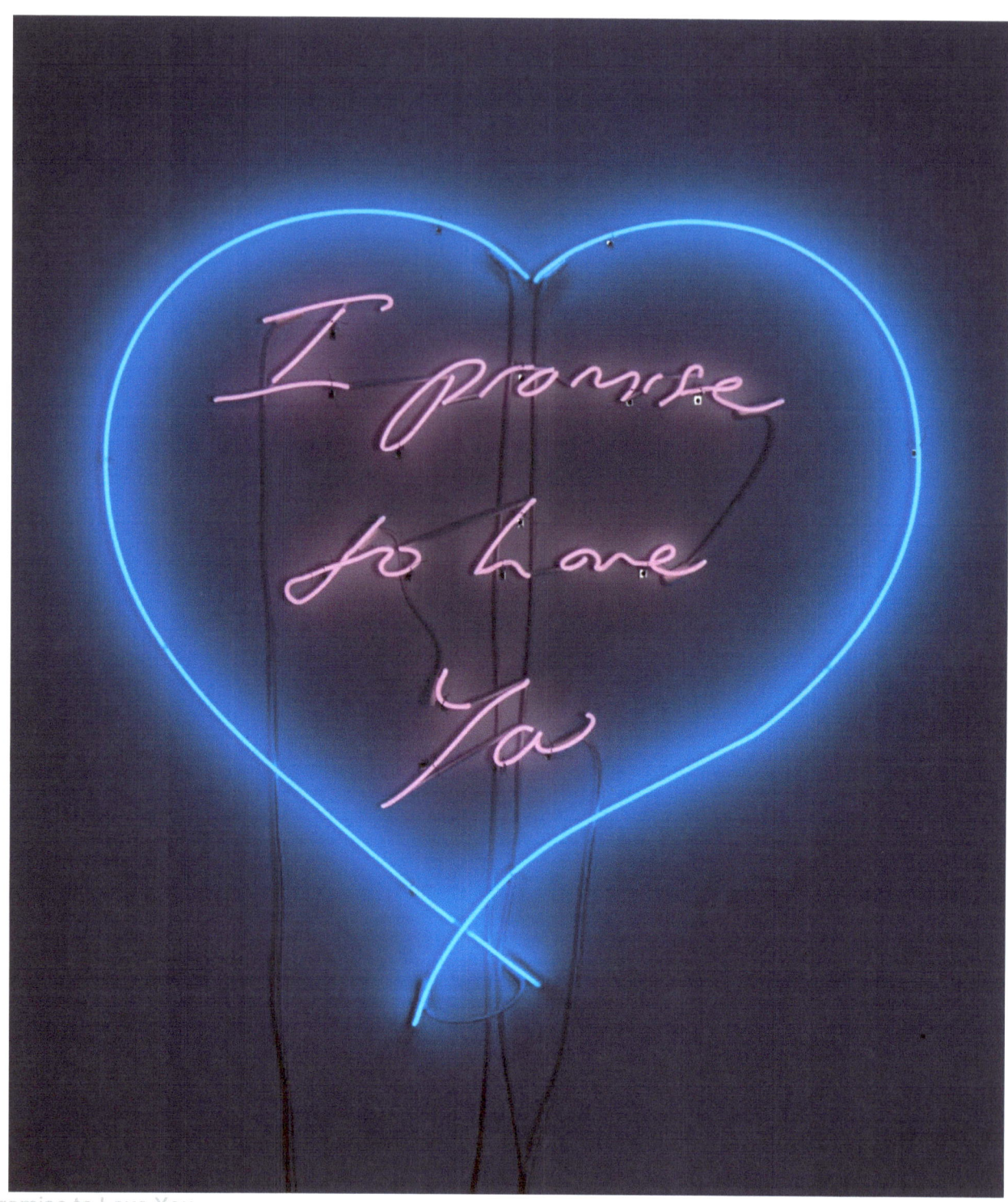

I promise to Love You
2010
Neon (Blue heart, pink text)
145.8 x 143 cm
©the artist
Image Provided by Kukje Gallery

Artist #1 = 강희원 작가

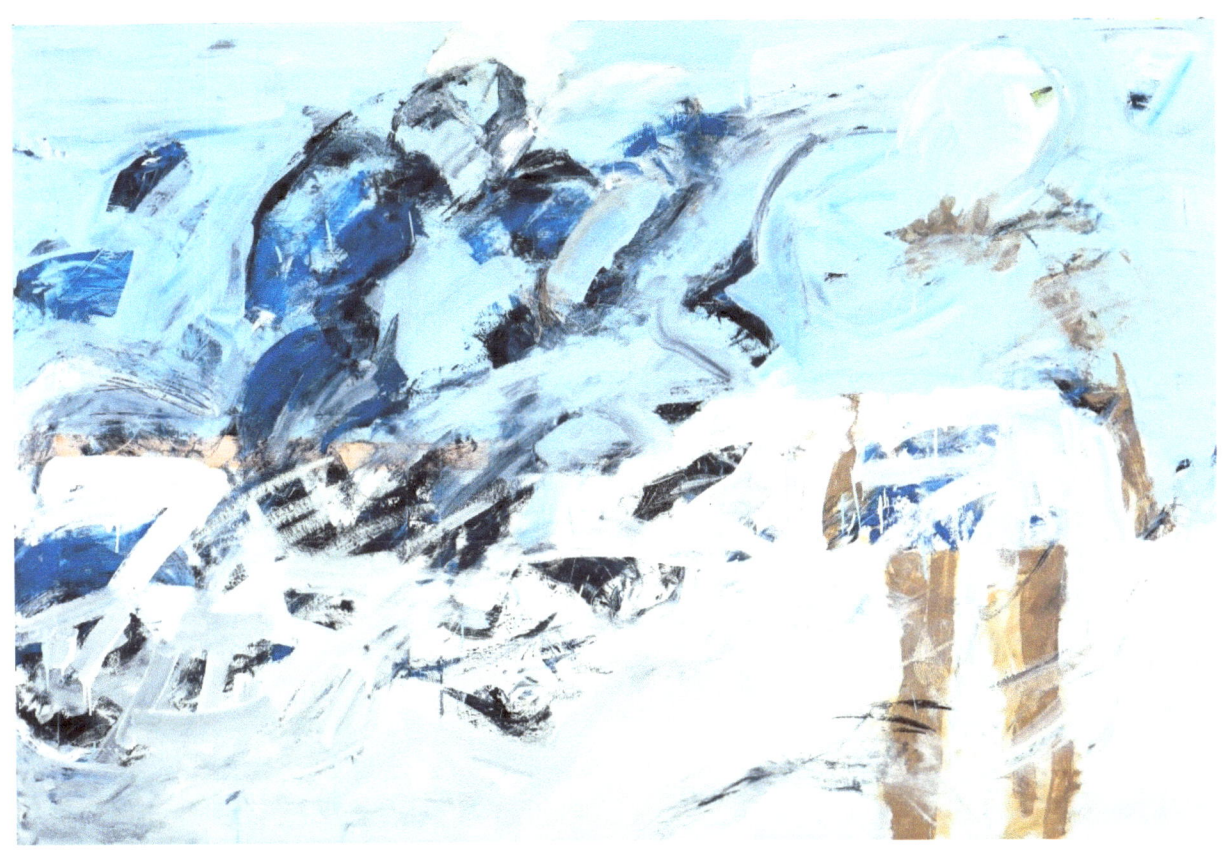

해변에서 at the beach 193.9cm×130.3cm, oil on canvas, 2015

작용하는 정물 시리즈에 대하여

작용하는 정물은 생활속에서 쓰여지는 물건들과 여행 중에 주워온 물건들을 가지고 전통적인 정물화의
미적 전제나 회화로써 미적 목표 또한 품지 않고 원점에서 그려보고자 한 시도였다. 콜라병, 연필깎이, 귤,
소라껍데기, 돌맹이, 분무기, 유리병 등등 눈앞에 사물들이 무작위 하게 놓였고 내가 사물들을
그리면서부터 정물 자체 안에서, 정물과 정물 사이에서, 정물과 나 사이에서 내적 작용이 일어나고 있었다.
자체의 형태와 색을 가진 사물들이 캔버스 위에서 오일 페인트로 사실적으로 재현되면서부터 사물 안에서
욕망이 작용하기 시작했다. 그렇다고 사물들의 의인화와는 다른 것이다. 사물의 마음(?)은 인간의 마음과
비슷한 면도 있지만 훨씬 단순하고 순수하다. 그러나 물리적인 작용 또한 아닌 것이다. 이것은 그림에서
일어나는 작용인 것이다. 캔버스 위에서 페인트로 벌어지는 작용이다.

자기형태에 갇힌 사물의 탈출욕망. 나 아닌 대상에 대한 욕망. 사물과 사물 사이의 긴장과 작용 속에서
에너지가 높아진다. 결국 필연적으로 일어나는 사물의 시도. 때로는 조심스럽게 때로는 폭발적으로. 귤은

귤의 특질대로. 분무기는 분무기의 특질대로. 연필깎이는 연필깎이의 특질대로. 자신을 벗어나 상대에 접근하기도 하고 때로는 침입하기도 하고. 구체적인 의도가 없는 무턱댄 들이댐. 자신의 형태를 벗어남과 동시에 자신을 잃어버리는 것을 두려워하여 자신을 필사적으로 지키려 하기도 한다. 때로는 자신을 지키기에는 돌이킬 수 없는 지경까지 가서 자신의 영역이나 형태를 포기할 수밖에 없다. 종종 사물들은 합동하여 다른 사물을 공략할 때도 있다. 엉켜 붙을 때도 있고 흩어질 때도 있다. 때로는 네러티브가 발생되기도 하지만 사물들은 개의치 않고 작용을 계속한다. 끝없이 계속될 수밖에 없는 정물의 작용 속에서 붓을 놓을 정점이 온다. 작품 "Green"은 인형을 그리면서 캔버스 안의 인형과 캔버스 밖의 나 사이의 교감을 육체적으로 그려나간 작품이다.

작용하는 정물 시리즈는 빠르게 그려나가면서 그리기에 집중했다. 재현도 아니고 표현도 아닌 현장으로 기능하기를 바랐다. 어떻게 생각하면 또 다른 리얼리즘이라고도 볼 수 있지 않을까? 또한 그리는 재미와 그림과의 밀착을 통한 인텐시티는 항상 추구하는 바이다.

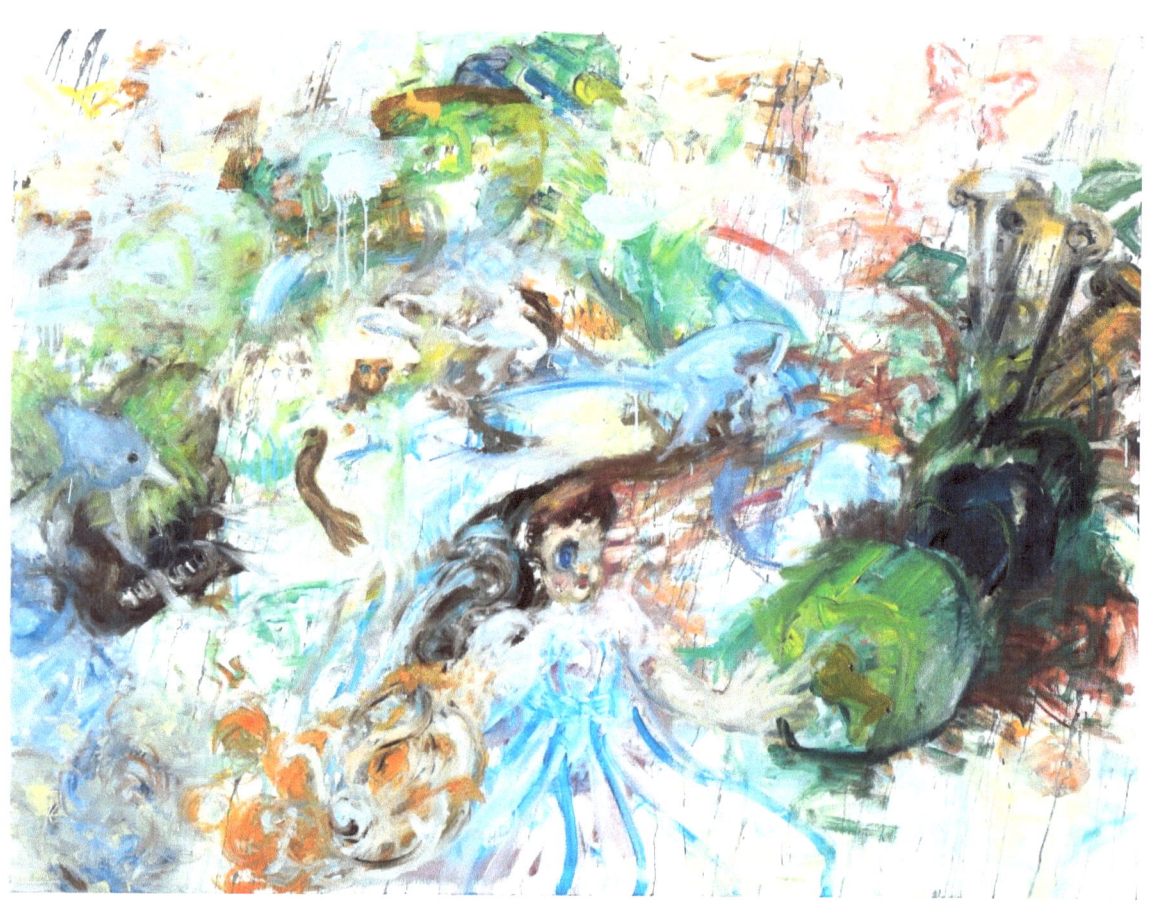

작용하는 정물 moving still life (Garden) 200cm×150cm, oil on canvas, 2014

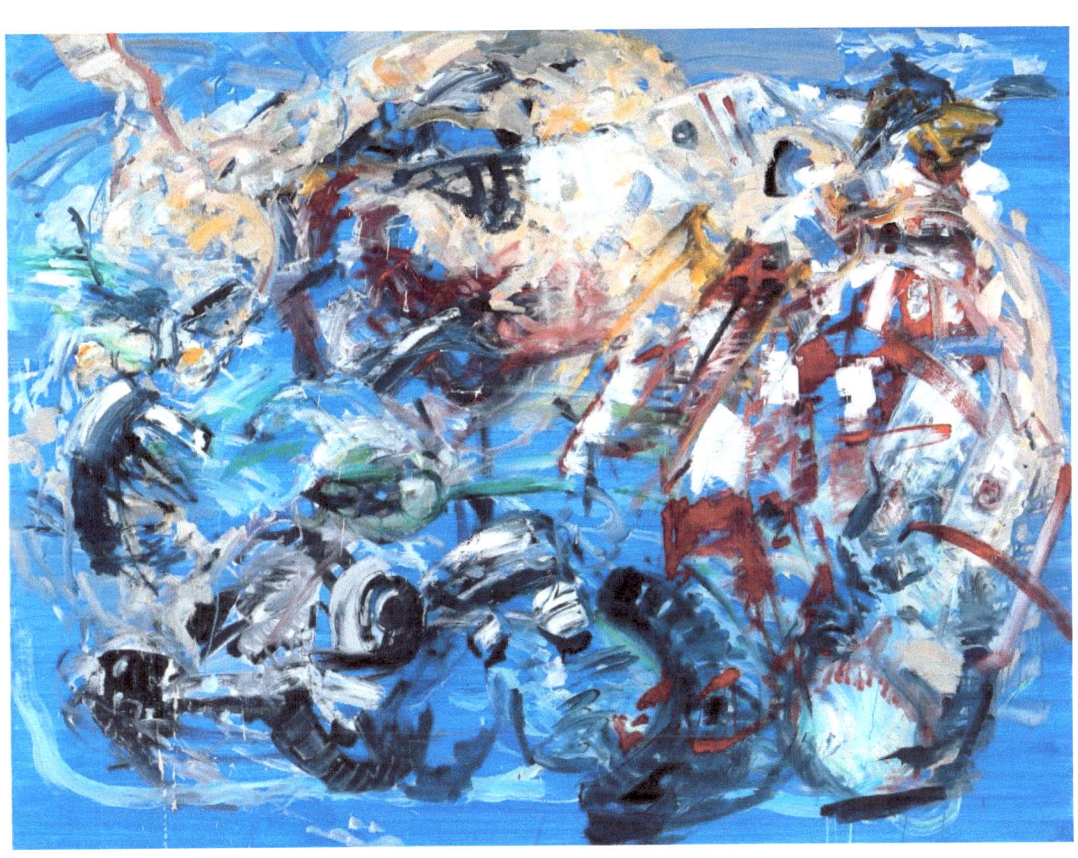

작용하는 정물 moving still life (King) 200cm×150cm, oil on canvas, 2014

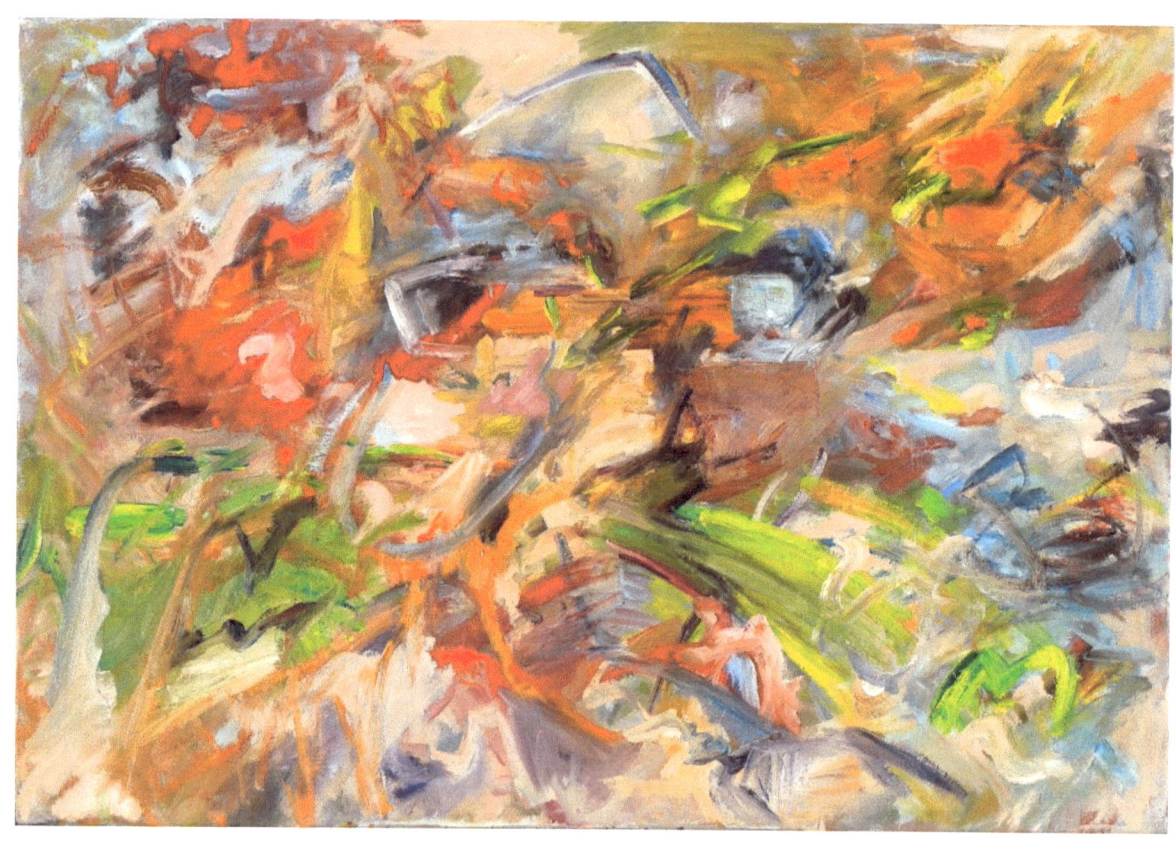

작용하는 정물 acting still life. Liu 80×51.5cm, oil on canvas, 2010

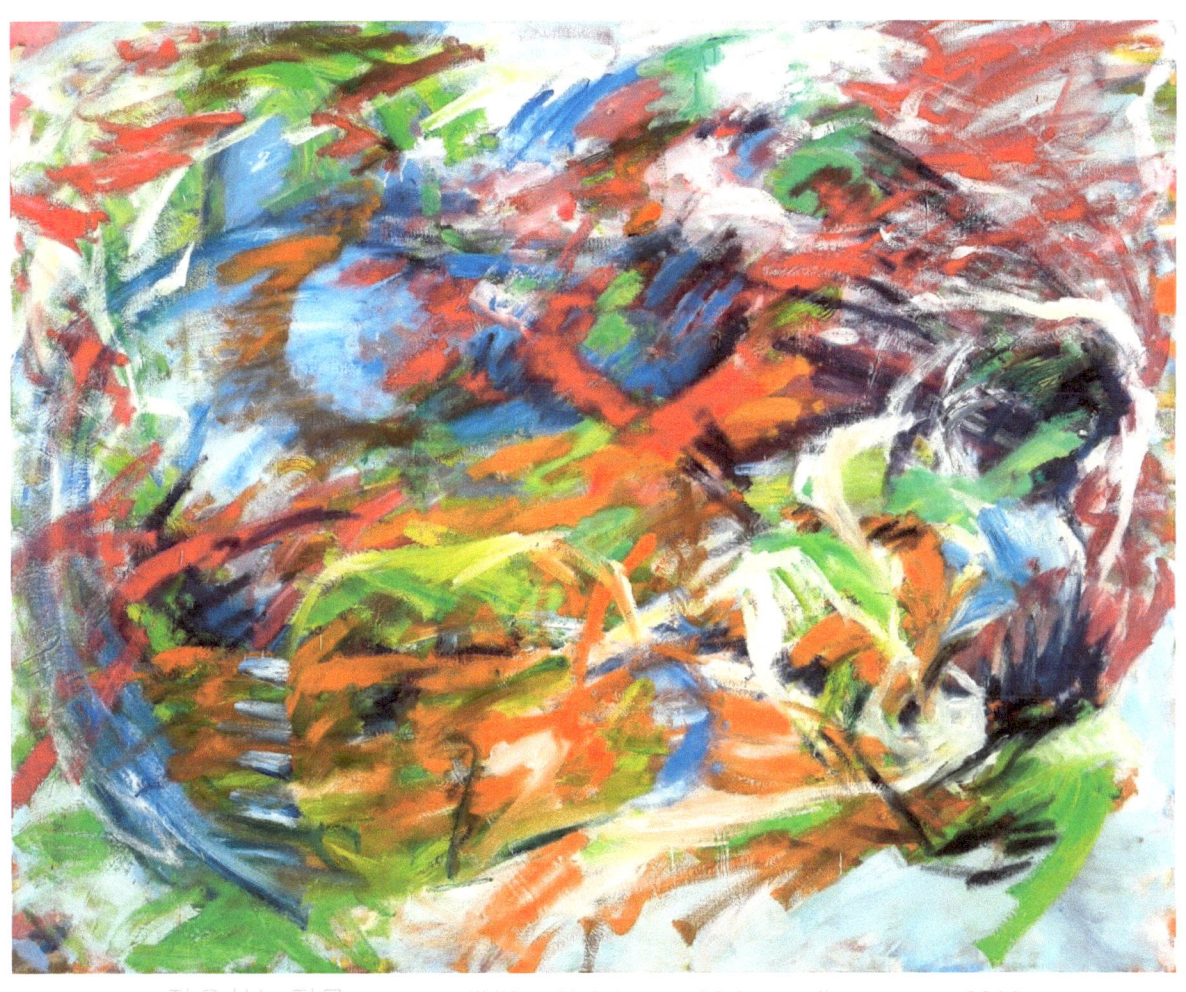

작용하는 정물 moving still life 162.2.0cm×130.3cm , oil on canvas, 2010

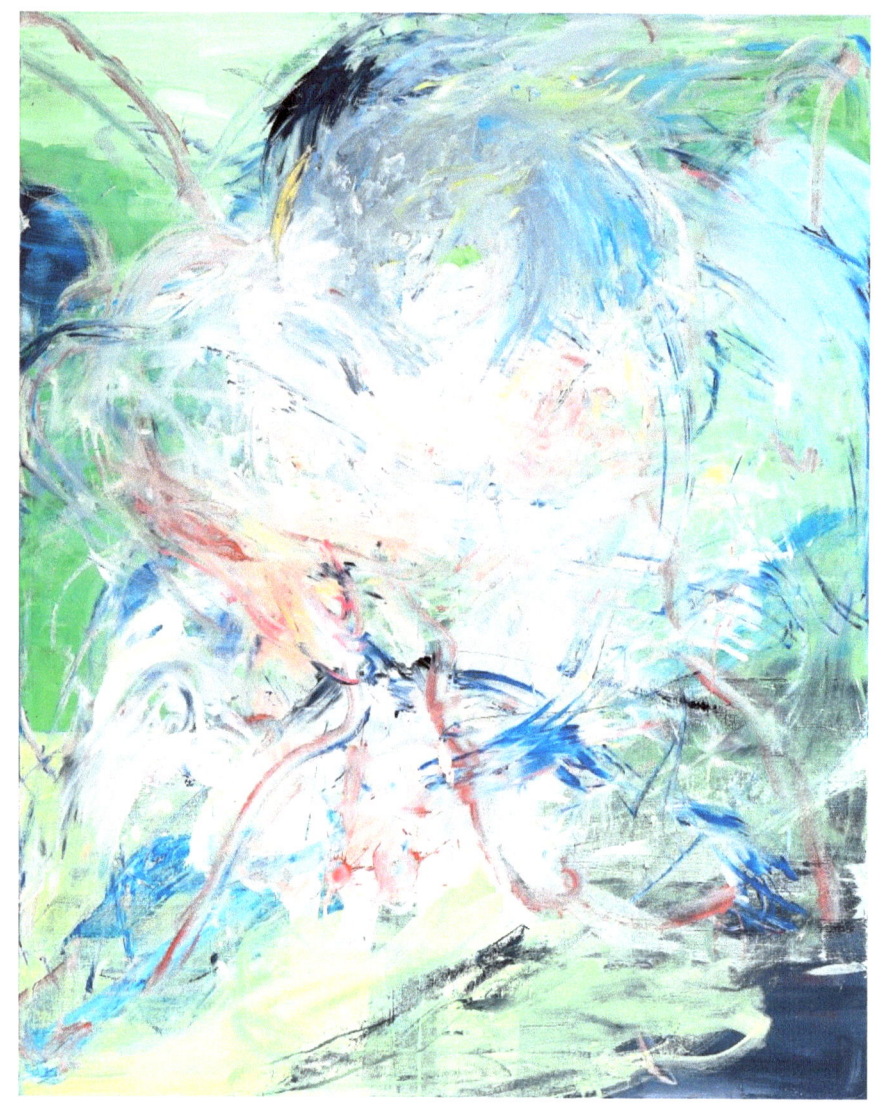

Green 162.2cm×130.3cm, oil on canvas, 2015

Artist #2 하미경작가

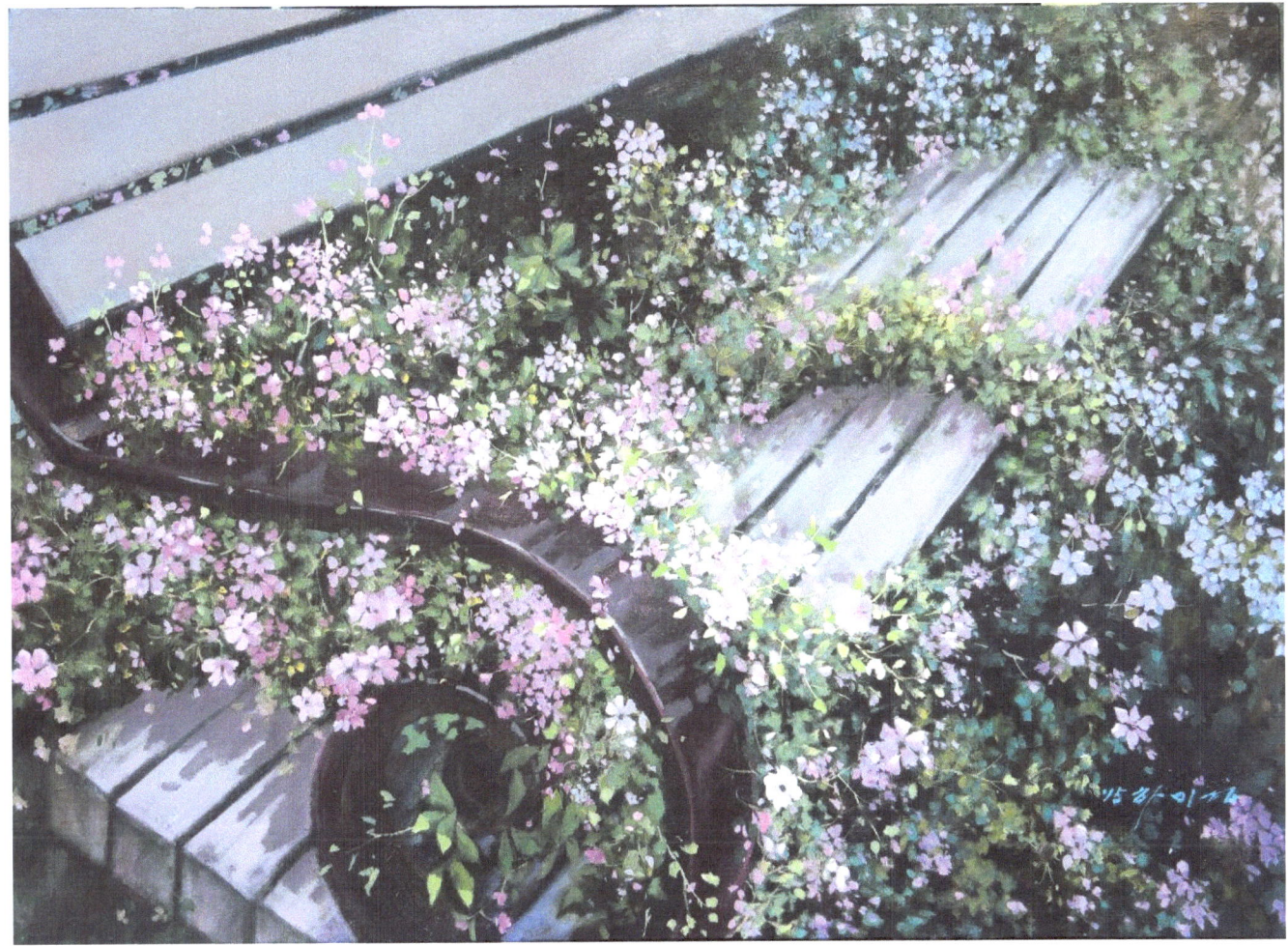

오르간의 울림15

시간의 흐름을 다양한 사물들에 투영해서 작업하는 하미경작가의 작품들이다

프로필

개인전

2015 토포하우스(인사동)

2015 예술의전당 한가람 미술관 (개인 부스전)

2014 갤러리 이즈 (인사동)

단체전 37 회

한중 현대미술 교류전

The flower 전 미술세계특별전

미국 국제미술교류전 (뉴저지 리버사이드 갤러리)

중국 청도 국제미술 교류전

한국 현대 미술 초대전

미술세계특별전 - 묵산 미술박물관(영월)

경기 사계 아름다운 산하전

vision 2015 꿈과 사랑전

안양미술협회전

수채화 사랑 자유전

외 다수 출품

수상

2015 대한민국미술대전 비구상 입선

관악 현대 미술 대전 장려 2013, 2010

관악 현대 미술 대전 특선 2014, 2011, 2009

대한민국 회화 대전 특선 2011

대한민국 여성 미술대전 특선 2012, 2011

대한민국 여성 미술대전 입선 2014

대한민국 현대 여성 미술대전 특선 2012

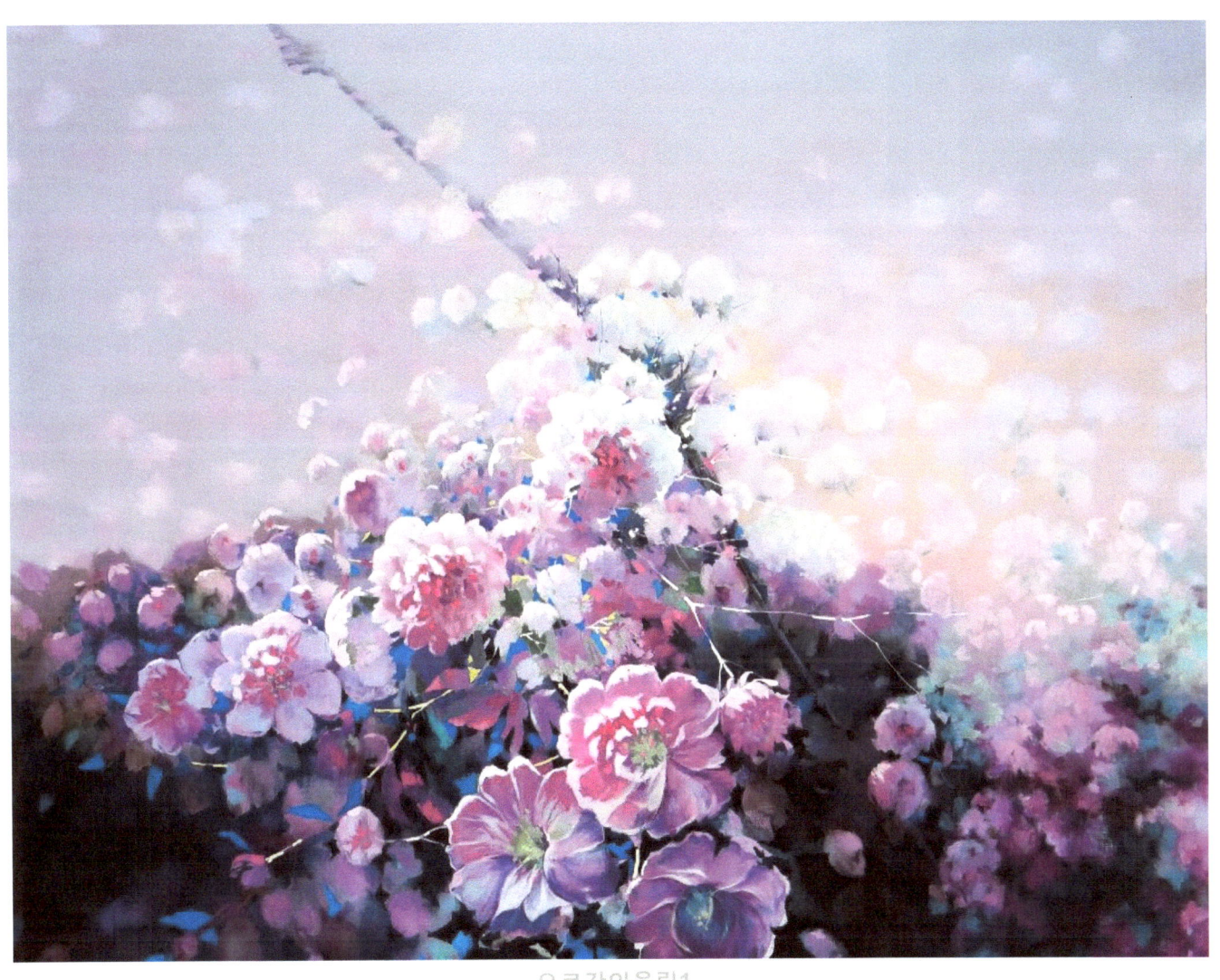

오르간의울림1

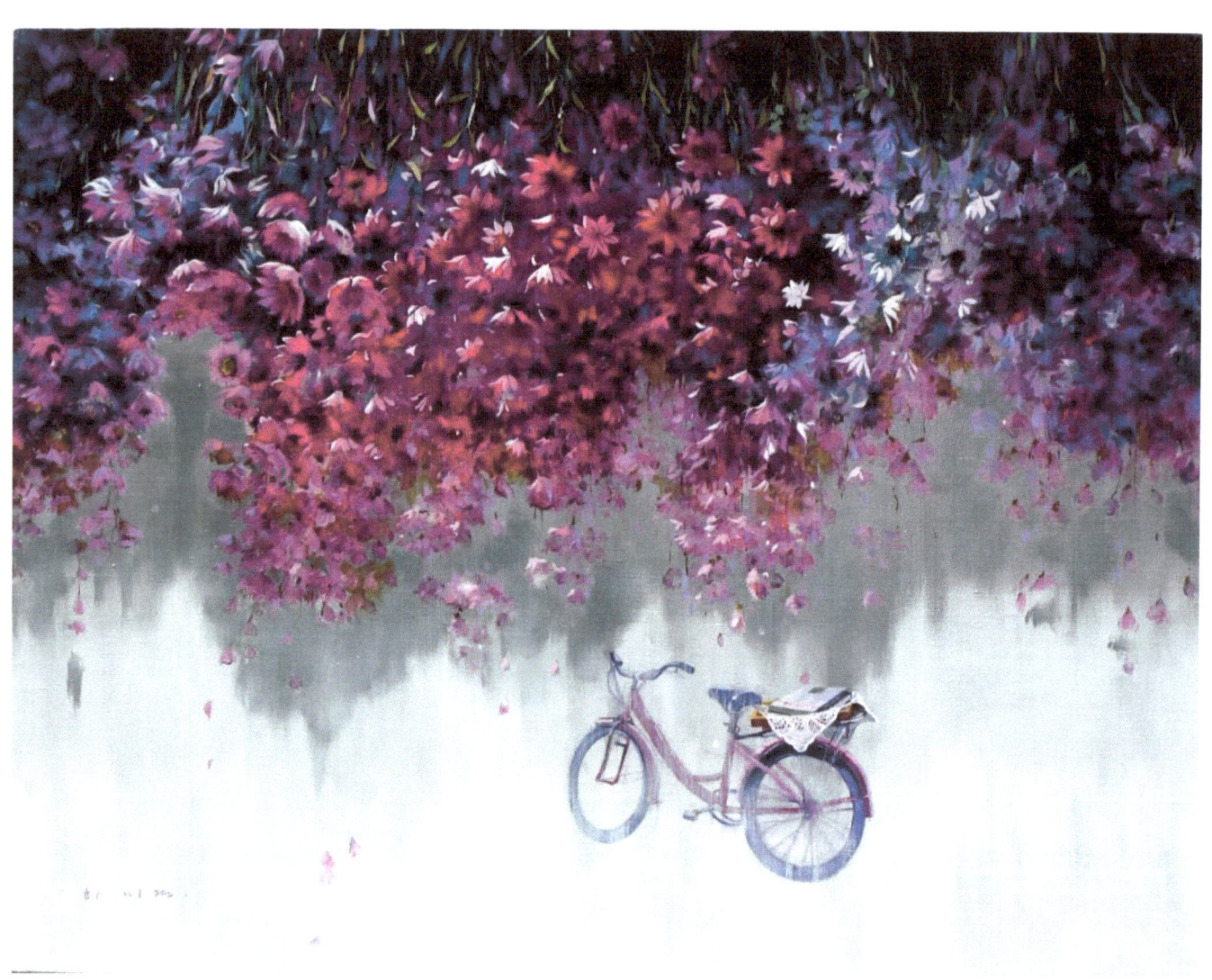

오르간의울림2

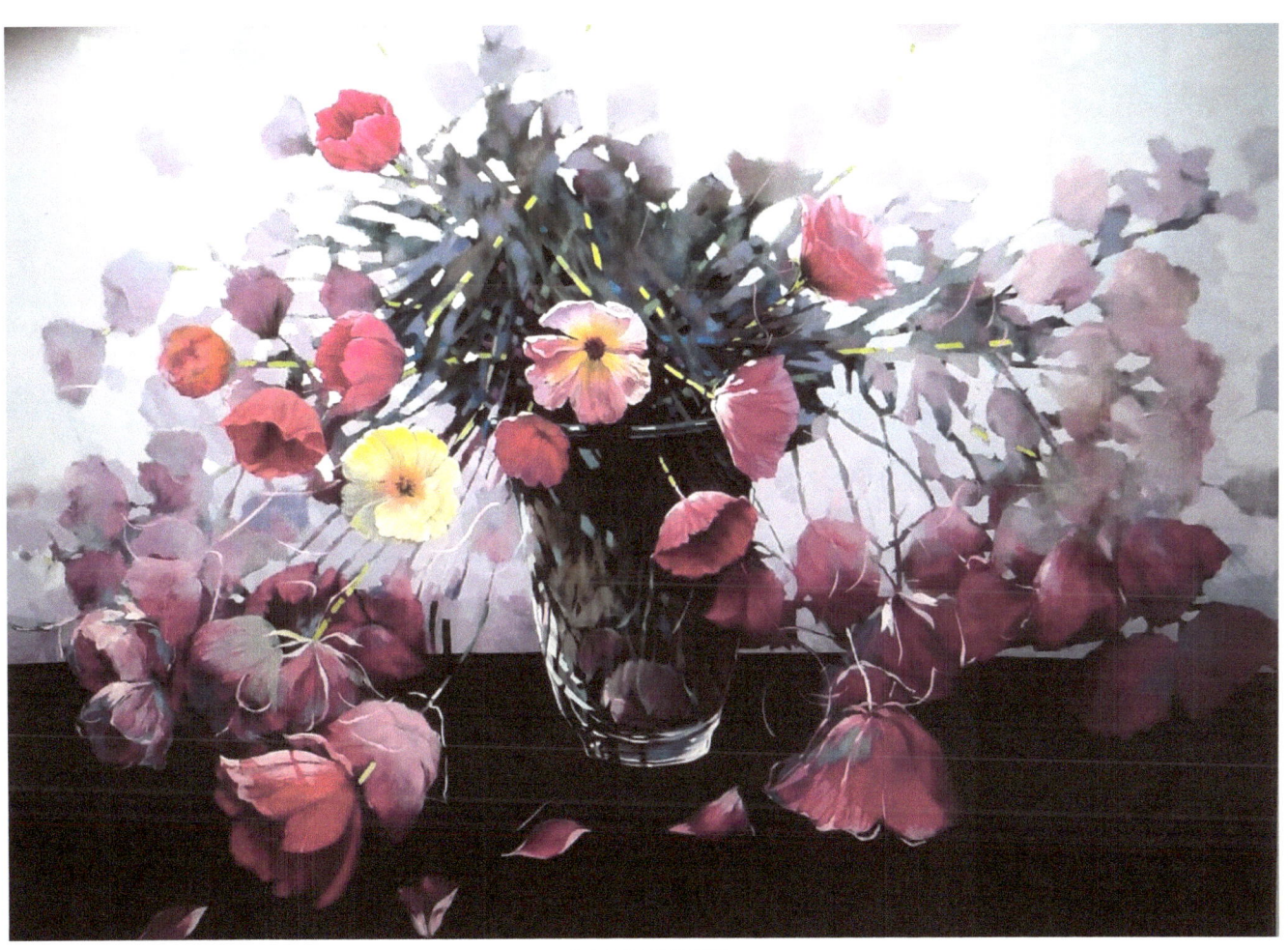

오르간의울림3

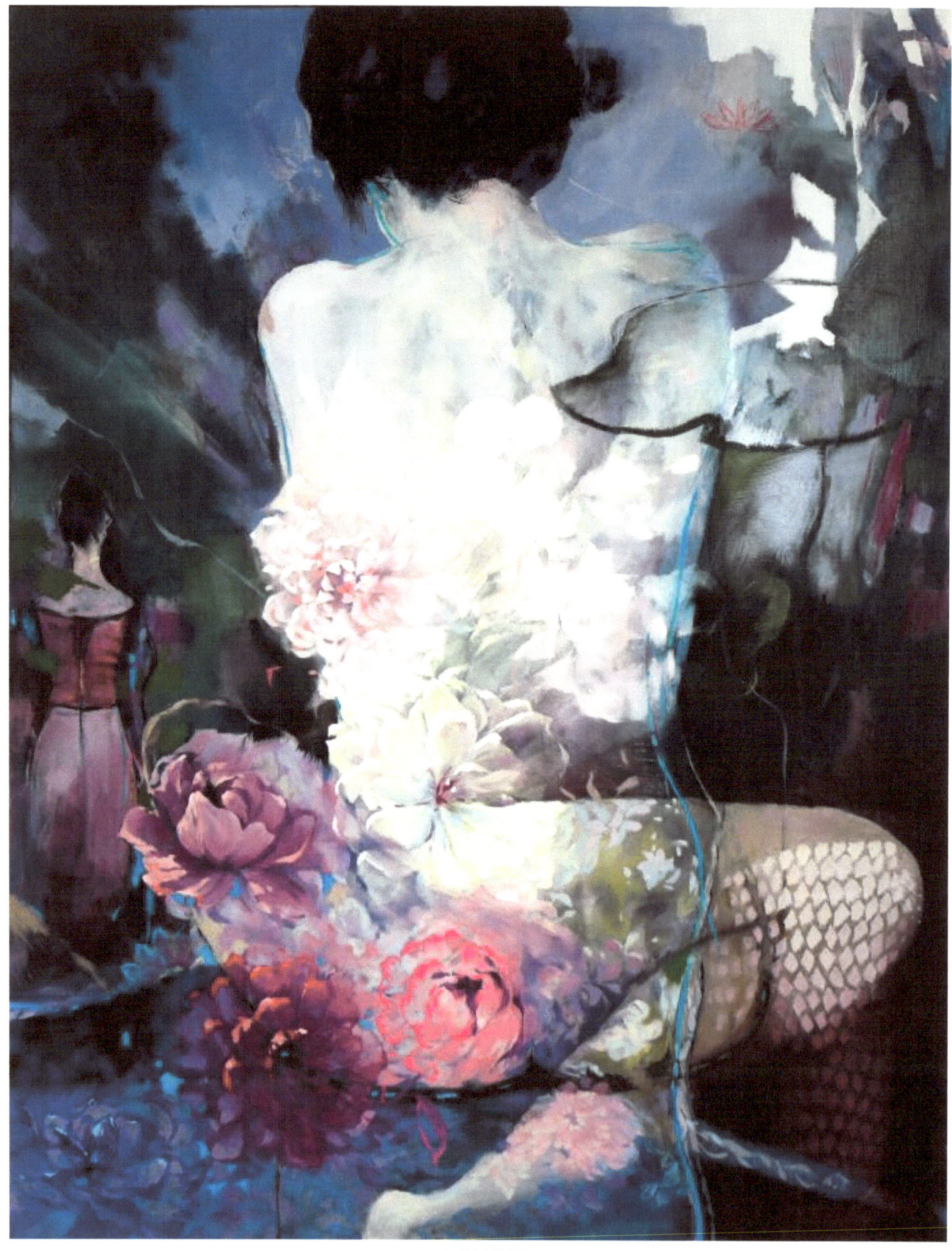

오르간의울림4

Artist #3 나빈작가

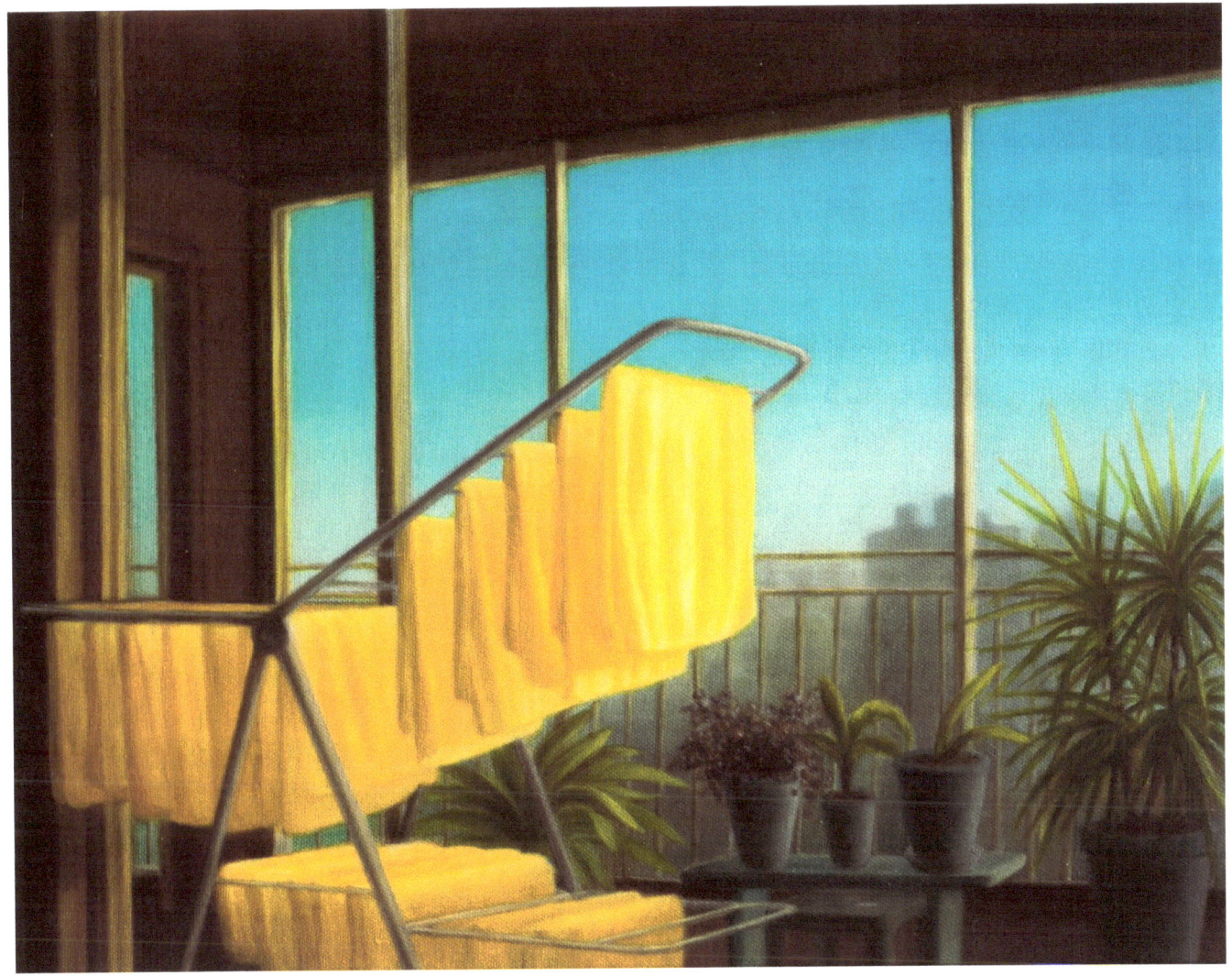

01 day light_31.8x41cm_oil on canvas_2014

평론글

자주 쓰이고 남용되어 왔다는 불편한 시선에도 불구하고 많은 작가들이 여전히 자신의 일상을 그리는 데는 단단한 이유가 있을 것이다. 그건 그림을 그리는 나빈도 마찬가지여서, 그가 가진 관심사의 대부분은 분명 일상적인 것이다. 여기에는 작가만의 특별한 일상에 대한 이해가 필요한데, 그는 긴 시간 동안 몸과 마음의 건강을 갈구했던 기억을 갖고 있다. 나 홀로 감당하고 극복해야만 했던 불안의 시간들, 어느 날 그 아픔을 견디게 해준 누군가를 만난 환희, 이후 작가에게 일상이란 반드시 상투적이지만은 않다는 것을 체감케 했다. 일상이 하나의 시적인 풍경이 될 수 있다는 것, 그리하여 그림으로 옮기고픈 깊은 갈망의 대상이 될 수 있다는 것을 나빈의 작은 그림은 나지막이 속삭인다.

나빈의 그림은 밝은 듯 하면서도 어딘가 우울한 기운이 감돈다. 그건 전적으로 작가가 선택한 색채 때문이다. 작가가 주로 사용한 노랑과 그 반대에 놓인 파랑 또는 초록은 슬픔이나 외로움 같은 감상을 소리 높여 말하지도, 그렇다고 뒤로 감추지도 않는 적절한 감정선을 유지한다. 에피소드처럼 단절화되어

있으면서도 그녀가 일상에서 무엇을 소중히 여기는지 짐작케 하는 이야기 역시 그림과 그림 사이의 파편화를 절묘하게 막는다. 누구보다 일상의 소소한 풍경이 소중했을 작가였기에 복합적인, 다중의 정체성을 갖는 일상의 이미지를 간취해냈을 거라는 생각이 든다. 작가가 힘겹게 회복한 일상에서 건져 올린 기억과 그의 살갗을 스친 생활의 발견. 커다란 그림이 미술관을 채우고, 작가가 온전히 이해했을까 의심스러운 거대한 이야기가 난무하는 지금-여기의 미술 속에서 나빈의 작은 그림은 보는 이로 하여금 자신을 되돌아보게 만드는 '행간'의 여운을 선사해준다.

세계적인 음악가 다니엘 바렌보임은 언젠가 음악은 말하자면 '이동'이라고 말한 적이 있다. 물처럼 흘러간다는 생각을 평화롭게 받아들일 때 음악이란 그리고 인생이란 가장 행복하다고, 비록 그것이 반드시 좋은 방향이 아닐지라도 모든 것이 변하고 진화한다는 생각에 내 자신을 완전히 내맡기고 그것을 받아들일 때 행복할 수 있다고 거장은 고백한다. 그건 미술도 마찬가지여서, 어떤 이에겐 고향이나 집처럼 편하게 느껴지지만, 또 어떤 이에겐 언제나 떠돌아다니는 듯한 정처 없는 공간이 미술이다. 분명한 건 미술을 하는 자는 미술의 공간에서는 힘겹되, 미술이라는 관념 속에서는 편안함을 느낀다는 것이다. 그렇기에 그 많은 자들이 미술을 영영 떠나지 못하는 것이다. 모든 것이 물질로 환산되는 스마트한 세상 속에서 그림을 그릴 수밖에 없는 자신을 한탄하되 결코 넘어지지 않는 자들이 존재하는 한 세상은 여전히 미술의 눈으로 재구성될 것이다. 그런 믿음이 내게는 있다.

현대 일본 영화의 거장 고레에다 히로카즈 감독의 첫 에세이집의 제목은 '걷는 듯 천천히'다. 새 영화를 만들 때마다 세인의 시선을 모으는 재주를 갖춘 그에게 가장 중요한 것은 강한 '이야기'가 아니라 그 이면에서 숨쉬는 '일상'이라고 한다. 우리가 그의 영화를 기다리는 이유는 어떤 특별한 이야기에 끌려서가 아니라 일상을 풍성하게, 생생하게 보여주는 태도와 이야기보다 '인간'을 중요하게 여기는 그의 철학에 있었던 것이다. 영화에 대한 그의 담담한 고백을 읽으며, 그리고 나빈의 그림 앞을 서성이며 나는 무엇을 그리는가도, 그것을 어떻게 그리는가도 중요하지만, 그보다 중요한 것은 아직도, 여전히 그린다는 것임을 다시 확인하게 된다. 결국 나빈의 그림은 자신의 내면적 체험과 감정을 탐구해서 어떤 보편성에 닿는다면 지극히 작은 일상도 얼마든지 미술과, 세계와 관계를 맺을 수 있다는 것을 보여준다. 그래서 작가에게 이 책을 선물하려 한다. 지금처럼 그리면 된다고. 걷는 듯 천천히...... 윤동희 / 북노마드 대표

프로필

2011 한국예술종합학교 조형예술과 전문사 졸업

2007 이화여자대학교 서양화과 졸업 (미술사학 복수전공) (시각정보디자인 부전공)

2002 서울예술고등학교 졸업

개인전

2015 <파르페 우산>, 가나아트스페이스, 서울

2014 <리추얼>,카페 드 유중, 서울

2013 <Table Layer>, 갤러리맺음, 성북예술창작센터, 서울

2011 <ama-teur>, 아름다운 땅, 서울

그룹전

2015 <식사를 합시다>, 암웨이미술관, 서울

2014 <기억의 속도>, 2114, 아뜰리에터닝, 서울

2014 <who's room>,이화익갤러리,서울

2013 <사유의 방식>, 삼청갤러리, 서울

2013 <예술, 영원한 빛>, 예술의 전당, 서울

2011 <2011 아시아프>, 홍익대학교 현대미술관, 서울

2009 <2009 아시아프>, 옛 기무사 건물, 서울

2009 <천장산을 넘어서>, 경희대학교 미술관, 서울

2008 <Everyday is not the same>, 갤러리 175, 서울

2008 <Everyday is not the same>, 비즈아트센터, 상하이

2007 <경계 없는 지평>, 한국예술종합학교 신축교사 갤러리, 서울

2007 <전展시장 그리고 轉시장 >, GM DAEWOO 종로·상봉영업소, 서울

2007 <드로잉 오픈-엔드전>, 한국예술종합학교 신축교사 갤러리, 서울

아트페어

2015 아시아 호텔 아트페어, 콘래드, 서울

2015 화랑미술제, 코엑스, 서울

2014 아시아 호텔 아트페어, 롯데호텔, 서울

선정 / 수상

2007 소마드로잉센터 제 2 기 아카이브 등록작가 선정

2005 삼성생명 Digital Fine Art 대회

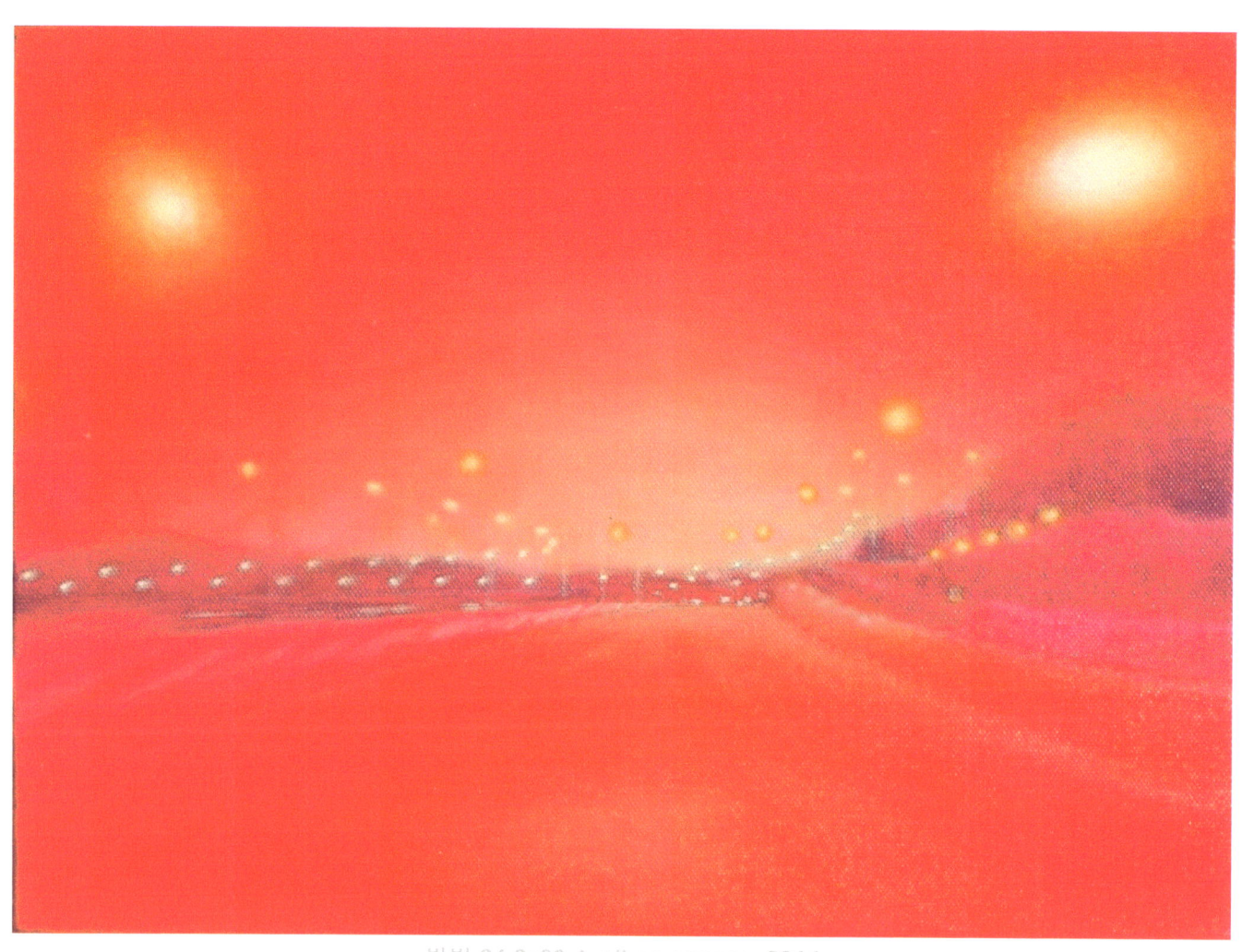

밤빛 24.2x33.4_oil on canvas_2014

Ritual 작업노트

따뜻한 물로 몸과 마음 순환시키기

묵은 빨래를 한 뒤 마르고 단단한 햇빛 즐기기

마음먹고 방 치우기

아직 볕이 따뜻한 동안 작업실 주변 배회하기

성실한 플라뇌르가 되어 시내 돌아다니기

종일 도서관에 머무르다 밤공기 마시며 귀가하기

계절이 바뀌고 조금 먼 땅에서 아침 맞이하기

나의 일상은 언뜻 불규칙해보이지만 한 주, 한 달, 한 계절의 단위마다 몸과 마음, 환경의 리듬이 만들어낸 질서를 내재율처럼 드러낸다. 그 시간들 속에서 나의 내부에 각인되는 것들. 감동을 주거나, 반향을 일으키는 것들을 일별하듯 작은 캔버스에 담아보았다.

"그림은 삶에 필요한 다른 모든 일들이 존재하는 이유들을 하나로 꿰어주는 실과 같다"

-Georgia O'keeffe

파르페우산 작업노트

나는 딱히 무언가를 수집하지 않는다.

하지만 수집을 하는 사람의 마음은 무엇인지 알 것 같다.

손에 잡히지 않는 시간과 기억들을, 물질에 투영해 손에 쥘 만한 선명함으로 붙잡아두고 싶은 본능. 그렇게 하지 않으면 불안하고, 그렇게 함으로써 안도하게 되는 것.

그림은 셔터를 누르는 시간보다 긴 시간에 걸쳐 물질이 된다. 대상이 되는 기억과 그리는 동안의 경험이 캔버스 위에 소금결정처럼 남는다.

마지막 붓질이 끝날 때마다, 진열장을 바라보는 수집가처럼 나는 안도한다.

한줄 나이테가 늘어난 나무처럼 견고해진 느낌이다.

Artist #4 신정재작가

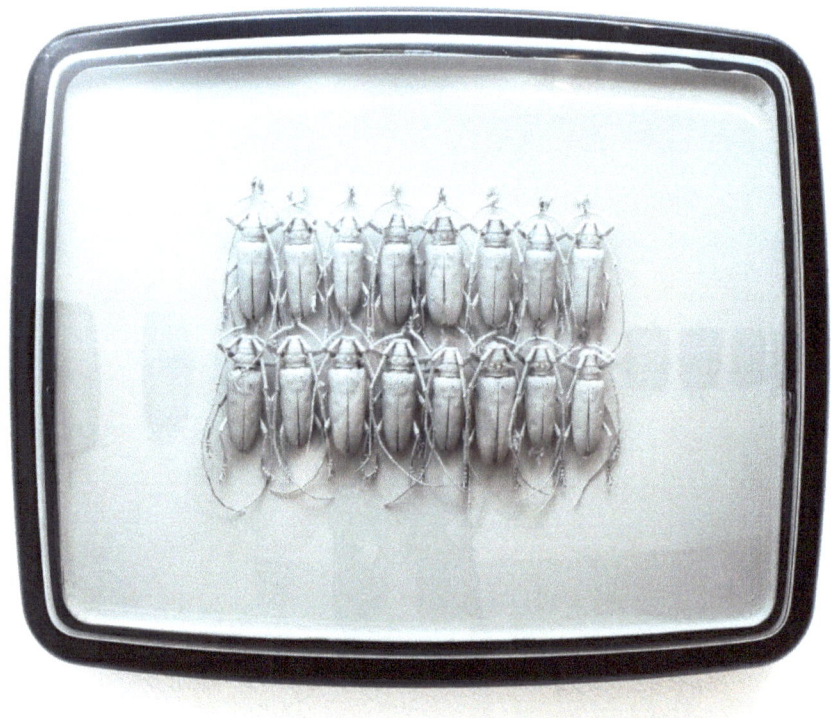

09.Buried in glass tombs(2014)_Painted Scarabs in CRT

Artist Statement

If I gathered some of the things that I've been dreaming of, and then classified them in the same way according to their appearance, this act alone would reveal the fundamental core of my work. Basically all the world's living creatures have been given their own scientific designation based on their biological features. These traits have been systematized to further our understanding. In addition, individual species are a subset of a larger *Genus* which, in turn, is a part of a greater *Order*. Open as we might be to impartially experiencing the sensory stimulation of our environment, the mind inevitably begins its patterning process in its desire for order. Taxonomy in the field of science takes this need for order to what might seem like an extreme but is the natural outgrowth of our desire to identify, classify and analyze what is in front of us. For example, shoes on store shelves reflect size, color and pattern which are of intense interest for one with a taxonomist's gaze. For me, the visual impact of a succession of multiple figures with the same patterns, shapes, colors and forms acts as a kind of powerful spell from which there is no release. Likewise, when I stand before a series of objects, I am struck by the effect of the sequence in aggregate, its psychological aspects, powerful vigor, and strangely indefinable definition.

작가노트

처음 미술을 시작하게 된 동기는 어린 시절부터 유난히 좋아했던 대형 딱정벌레의 묵직하고 입체적인
아름다움을 미학적으로 표현하고 싶었기 때문이었다. 초등학교 시절 딱정벌레 채집을 시작한 이후,
뉴욕에서 미술을 전공하던 시절을 거쳐 전 세계의 오지를 다니며 대표적 갑충(甲蟲)들을 채집하고 회화적
재료로 쓰게 되었다. 그러던 중 이러한 수집이라는 인간의 구체적 행위가 "나누고 정리하고 싶어 하는
욕망"과 연결 된다는 것을 알게 되었고, 이렇게 수집된 표본들을 미술작품으로 승화시킬 수 있다는 신념을
갖게 되었다. 집합적 소속감을 내포한 군집이란 개념과 인간의 소유욕에서 탄생된 수집이란 개념은
"분류"를 통해 인간의 심리학적 쾌감으로 연결된다. 무엇인가를 정의하고 모으고 싶은 충동, 정해진
사물에 대한 기준 아래에서 분류하는 것을 거쳐 가치(Value)라는 카타르시스로 연결되는 과정은 생물의
분류학(taxonomy)에서 그 모티브를 따왔다. 즉, 어떤 밀집된 공간 속에서 하나의 환상의 이미지를 가득
채워 넣고 싶은 인간의 욕망으로 풀이될 수 있다. 한마디로 군집을 이루고 살아가는 자연계의 동물이든
군대나 회사처럼 동일한 복장을 하거나 동일 목적을 위하여 모인 인간의 사회이든 그들의 외적, 내적
이미지는 마치 분류란 도구로 잘 나누고 정리시켜놓은 것처럼 보여질 수 있다. 그것을 통해 마치
미니멀리즘적 작품을 보듯 심미적인 즐거움을 맛볼 수 있다.

복잡하고 다양한 것들을 이해하기 쉽도록 같은 것들끼리 구성화시켜 놓은 것을 분류라 할 때, 복잡한 세상
속에서 명료한 이미지로 보여지는 우리의 모습이기도 한 분류는 많은 이들이 가지고 있는 욕망일 수 있다.
이 세상을 구성하는 모든 생물 중 인간을 제외하고는 모두 학명을(Scientific name) 지니고 있다. 학명은
또다시 그 집합만이 가질 수 있는 정의로서, 일개의 개체로 나뉘며 집단 속에서 다시 통일된다. 인류의
시작이래 인간은 외적 내적 기준을 정하고 그 기준에 맞추어 사물을 분류하고 정리하기를 끊임없이
반복해 오고 있다. 종(Species), 속(Genus), 과(Family), 목(Order) 등 인간이 만들어 놓은 피라미드형 생물학
분류단위는 하위체계로 내려올수록 상당히 조직적이고 구체적이다.

이러한 것들은 아마도 내 자신의 어지러운 삶 속에서 도달하지 못하는 단순한 일상을 마치 학자가
나누어놓은 동종으로 구성된 표본상자 속 질서에서 찾는 것인 지도 모르겠다. 한 상자 안에 같은 것들끼리
채워질 때의 그 기쁨이란 어떻게 설명해야 할까? 이것은 힘겨웠던 채집하는 과정에 대한 해독과 보상이다.
분류와 정리 그리고 수집된 개체를 사용한 회화 작업은 결국 나에게 기쁨과 행복으로 다가온다.

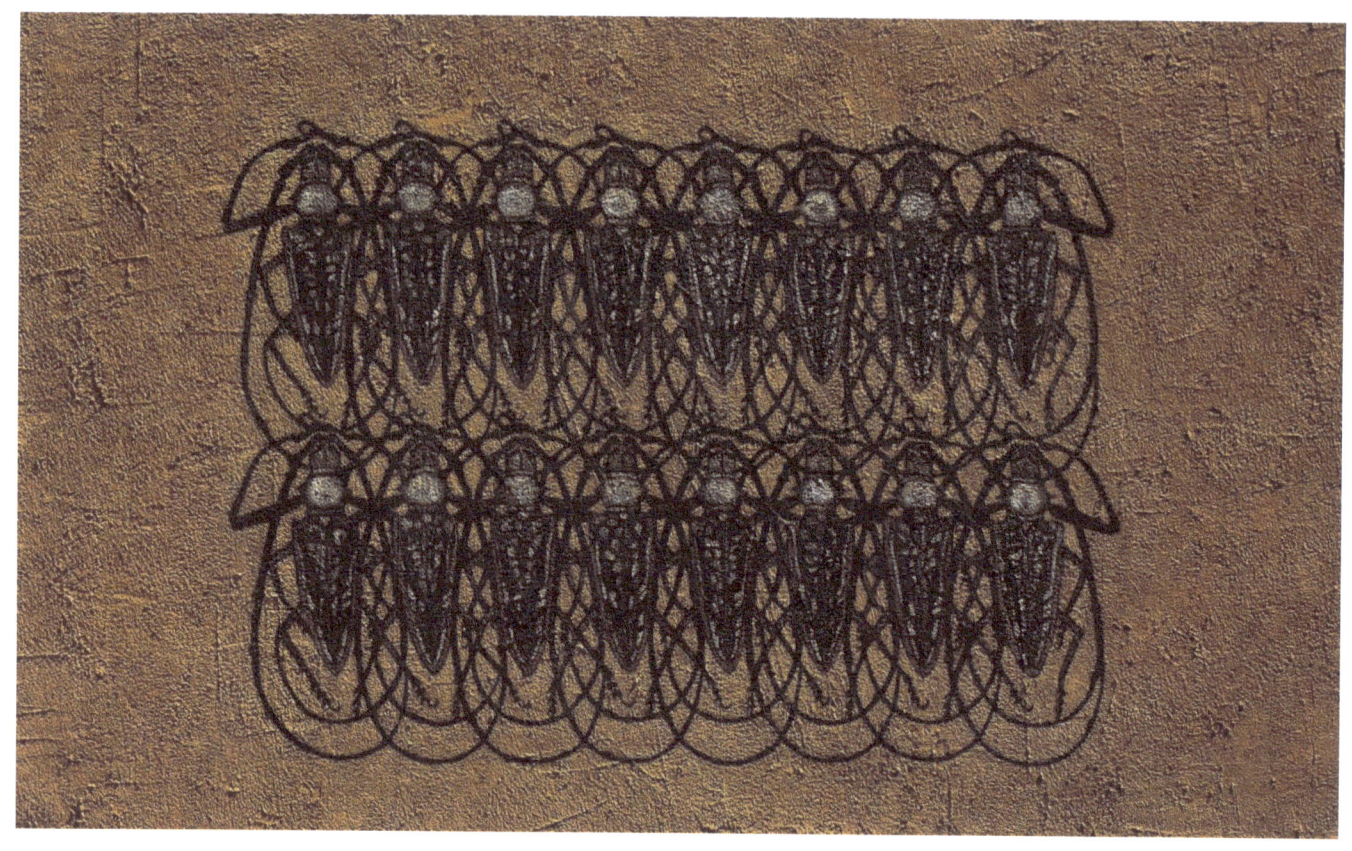

Genus Batocera(2010)_Oil and Mixed media on Canvas_198x127cm

프로필

2013 국민대학교 서양화 전공 박사 과정

2007 뉴욕시립대학교 서양화 전공 석사 졸업

2003 건국대학교 불어불문학 전공 학사 졸업

개인전

2014 'Buried In Glass Tombs' (칼리파 갤러리, 서울)

2013 'Limbo' (갤러리 이즈, 서울)

2010 'Classification' (스페이스움 갤러리, 미국)

2009 'The Collection' (네브라스카 주립대학교, 미국)

그룹전

2015 'Asia Hotel Art Fair 2015' (국민아트갤러리 출품, 전시감독, 컨래드 호텔, 서울)

2015 '피폭 70 년을 생각하는 8+9 평화 현대미술전' (브릭홀 갤러리, 나가사키, 일본)

2015 'Undercurrent' (Thinking inside the Box, 서울)

2015 'Art Busan 2015' (SIA New York, 출품, 기획, 전시감독, 벡스코, 부산)

2014 'The Artists 30' (SIA New York 출품, 기획, 전시감독, 뉴욕, 미국)

2014 'Spectrum Miami Art Show 2014' (스펙트럼 마이애미, 플로리다, 미국)

2014 'Asia Contemporary Art Show 2014 HONG KONG' (컨래드 호텔, 홍콩)

2014 '쾌연재 도자미술관 초대전' (쾌연재 도자미술관, 영월)

2014 '국제드로잉 인터페이스' (사이아트 스페이스, 서울)

2014 '굿모닝 2014 아트 컬렉션' (라메르 갤러리, 서울)

2013 '라바와 함께하는 3D 곤충체험 전' (킨텍스, 고양)

2012 '16 개의 시선' (마음 갤러리, 뉴욕, 미국)

2011 '5th FILMIDEO' (인덱스 아트 갤러리, 뉴져지, 미국)

2010 'An Evening of Art & Music' (펠리사이드 도서관, 뉴져지, 미국)

2010 'The Appearance' (리버사이드 갤러리, 뉴져지, 미국)

2010 '4th FILMIDEO' (인덱스 아트 갤러리, 뉴져지, 미국)

2010 'Collection' (사티포 갤러리, 페루)

2009 'The Giant Scarab Collection in Amazonian Peru' (컨벤션 센터, 인디아나, 미국)

2008 'Mariposa' (팅고마리아 미술관, 페루)

2008 'Crane Street Studios 2008' (크레인 스튜디오, 뉴욕, 미국)

2007 'Lehman Graduate Art Exhibition' (리멘 칼리지 아트 갤러리, 뉴욕, 미국)

PROJECT

2007 - Present, Jungjae Shin's 'WORLD BEETLES' with Seungjin Kang

SCIENCE RESEARCH

2010 Peru Collection, February - March, Peru

2009 Indiana Convention Center, Public Lectures, December, U.S.

2009 Georgia Collection, July, U.S.

2009 Panama Collection, June, Panama

2009 University of Nebraska, Team Scarab Interview, April, U.S.

2009 Peru Collection, January, Peru

2008 Bolivia Collection, June, Bolivia

2008 Peru Collection, May - June, Peru

2007 Korea Collection, August, South Korea

2007 Indonesia Collection, June - July, Indonesia

2007 Japan Research, June, Japan

2007 Ecuador Collection, January, Ecuador

2006 Arizona Collection, September, U.S.

2004 New Hampshire Research, July, U.S.

2003 - 2004 New York Collection & Research, July, U.S.

PUBLICATIONS

2013 'Jungjae Shin In Larva with 3D' Yongin-Ilbo, June. 29, Korea

2012 'Lines Of Sight - Vision 2012' Segye-Ilbo, January. 12, U.S.

2010 'Korean artists in New York, No. 85' Korea Daily News, May. 10, U.S.

2010 'Chalcosoma chiron in Indonesia' Econature, October, Korea

2010 'Dynastes hercules in Central America' Insect mania, July, Korea

2010 'Collection of Jewel Beetles in Panama' Insect mania, June, Korea

2010 'Team Scarab in University of Nebraska' Econatrue, May, Korea

2010 'Megasoma elaphas in Panama' Insect mania, May, Korea

2010 'Giant Cerambycidae In Amazon Forest' Insect mania, April, Korea

2010 'Megasoma actaeon in Amazon Basin' Insect mania, March, Korea

2010 'Dynastes hercules in Peru' Insect mania, February, Korea

2009 'Collecting giant scarabs in Amazonian Peru' SOLA Scarab Workers (ESA) December, U.S.

2009 'Faculty News' Hexapod Herald, Volume 21, Number 3, University of Nebraska, May, U.S.

COLLECTIONS

University of Nebraska, Nebraska, U.S.

Tingo María Museum, Huánuco, Peru

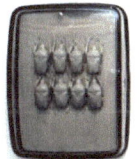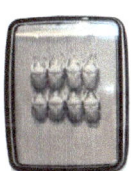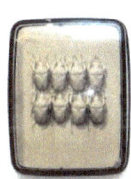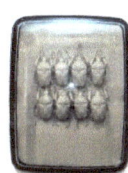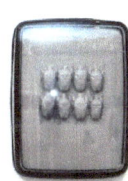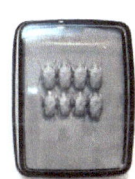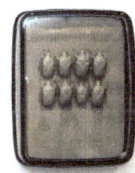

Buried in glass tombs(2014)_Painted Scarabs in CRT

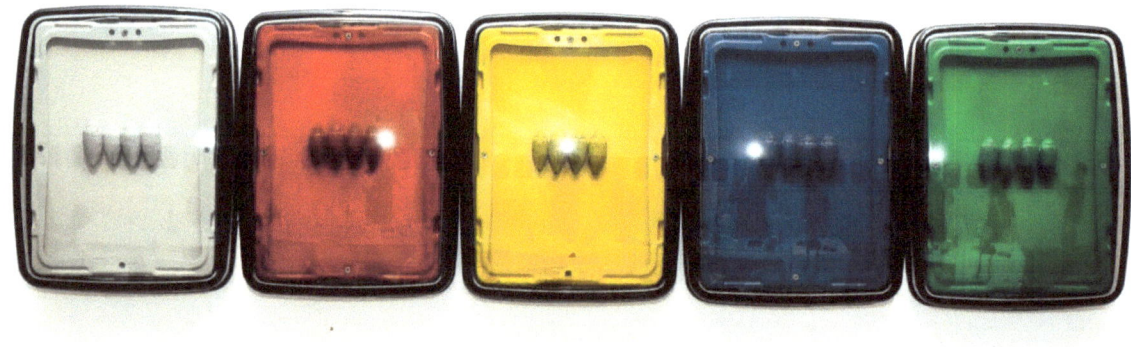

Buried in glass tombs(2014)_Painted Scarabs in CRT

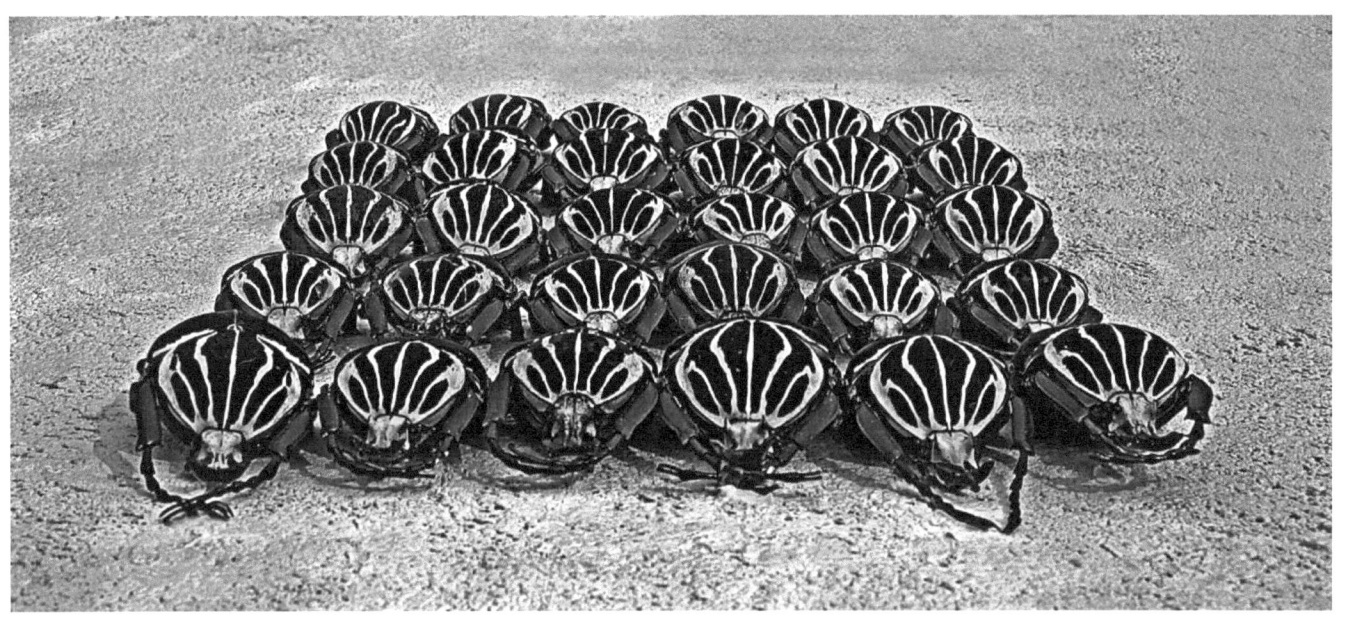

Goliathus in Limbo(2013)_Painting on Mixed media and C Print_270x120cm

* 신정재작가의 초기작과 최신 작품들이 조금 혼재된 느낌인데, 튜브에 들어있는 작품들이 최근작들이다.

Art MOOK. ArtTimesDigest. 2015.10-1

Publisher&ChiefEditor : sungonkim

Main design : doankim

Editor : HunPark

System : UsunPark, Yangsoochai

Regestration Number : Gangnam RA 00670 (MediciPress)

MOOK Regestration Date : 2013.02.28

Magazine ISSN Number : 2288-1077

ISBN-13: 978-1518622144

ISBN-10: 1518622143

Address : Arttimes ,Gangnam-gu, Tahoe BusinessCenter 305ho, hakdongro 311

Tel : +82-505-878-2049

Fax : +82-505-877-2049

Email : arttimesnews@naver.com

www.ingramcontent.com/pod-product-compliance
Lightning Source LLC
Chambersburg PA
CBHW050908180526
45159CB00007B/2835

* 9 7 8 1 5 1 8 6 2 2 1 4 4 *